¡LO ENCANTADO!

CASAS Y MANSIONES ENCANTADAS

Un libro de Las Ramas de Crabtree

THOMAS KINGSLEY TROUPE

Traducción de Santiago Ochoa

CRABTREE
Publishing Company
www.crabtreebooks.com

Apoyos de la escuela a los hogares para cuidadores y maestros

Este libro de gran interés está diseñado con temas atractivos para motivar a los estudiantes, a la vez que fomenta la fluidez, el vocabulario y el interés por la lectura. Las siguientes son algunas preguntas y actividades que ayudarán al lector a desarrollar sus habilidades de comprensión.

Antes de leer:

- *¿De qué creo que trata este libro?*
- *¿Qué sé sobre este tema?*
- *¿Qué quiero aprender sobre este tema?*
- *¿Por qué estoy leyendo este libro?*

Durante la lectura:

- *Me pregunto por qué...*
- *Tengo curiosidad por saber...*
- *¿En qué se parece esto a algo que ya conozco?*
- *¿Qué he aprendido hasta ahora?*

Después de la lectura:

- *¿Qué intentaba enseñarme el autor?*
- *¿Qué detalles recuerdo?*
- *¿Cómo me han ayudado las fotografías y los pies de foto a comprender mejor el libro?*
- *Vuelvo a leer el libro y busco las palabras del vocabulario.*
- *¿Qué preguntas me quedan?*

Actividades de extensión:

- *¿Cuál fue tu parte favorita del libro? Escribe un párrafo al respecto.*
- *Haz un dibujo de lo que más te gustó del libro.*

ÍNDICE

HOGAR, TEMIBLE HOGAR

El piso de madera cruje y caminas de puntillas en medio de la oscuridad. La puerta detrás de ti se cierra de golpe y quedas encerrado. Tu linterna titila y un momento después toda la casa se oscurece por completo. El sonido de pasos lentos es cada vez más cercano a ti. ¡La voz de un niño susurra en algún lugar de la casa encantada!

Hay lugares alrededor del mundo que la gente cree que están encantados. Los seres humanos viven en casas y mansiones. Desafortunadamente, algunas de ellas también son el hogar de los muertos.

Agarra tu linterna y respira profundo. Estás a un paso de descubrir por qué estas casas y mansiones están dentro de ¡LO ENCANTADO!

UN DATO ATERRADOR

El cuarenta y cinco por ciento de los estadounidenses creen que los fantasmas y los demonios existen.

LA CASA DEL ASESINATO DE VILLISCA

Esta pequeña casa en un rincón de Villisca, Iowa, tiene un pasado terrible. En 1912, a medianoche ocho personas fueron asesinadas allí. El asesino nunca fue encontrado.

La gente cree que la casa está encantada por los espíritus de la familia Moore. Las fotos tomadas durante las visitas a veces muestran unas sombras extrañas. De noche, la gente afirma oír voces de niños.

LAST VICTIMS OF MAD MURDERER OF WEST

J. W. Moore, wife and 3 of 4 children who were murdered in bed at Villisca, Ia. Star shows room in which Misses Stillinger, visiting Moores, were killed.

During the last two years, a madman murderer has killed four whole families in the West. In each case he used an axe. The murders have been at Colorado Springs, Ellsworth, Kan., Guilford, Mo., and Villisca, Ia. The last, that of the Moores at Villisca, occurred this week. The slayer shows a terrible ingenuity in making good his escape. Villisca police arrested Sam Moyer, relative of Moore family. Produced alibi. Released.

LA RECTORÍA BORLEY

En Essex, Inglaterra, las conversaciones sobre casas encantadas suelen incluir la **Rectoría Borley**. La casa fue construida en 1863 sobre las ruinas de un **monasterio** antiguo.

Dice la leyenda que una monja y un monje se enamoraran allí, lo cual está prohibido. Fueron sentenciados a muerte. La monja fue encadenada a la pared de la celda. La pared fue tapiada, y ella quedó atrapada adentro.

UN DATO ATERRADOR

Mensajes extraños aparecieron en las paredes de la Rectoría Borley. Uno de ellos decía: «Marianne, por favor busca ayuda».

Se dice que la rectoría fue construida sobre las ruinas del monasterio, por lo que está embrujada. Una monja fantasmal a menudo ha sido vista caminando por un sendero hacia un **quiosco**. Una cara mira la casa desde afuera.

Las llaves se salen de las chapas, objetos perdidos caen del techo. Durante una **sesión de espiritismo**, un espíritu advirtió que un incendio destruiría la casa. Un año después, la Rectoría Borley fue consumida por las llamas.

Aunque la casa quedó destruida, la gente afirmó que aún veía al espíritu de una mujer cerca de las ruinas. Un fotógrafo captó la imagen de un ladrillo que flotaba poco antes de que las ruinas de la casa fueran demolidas.

LA CASA HOFDI

La casa Hofdi está situada en el borde de la costa, en Reikiavik, Islandia. Perteneció al poeta y abogado Einar Benediktsson. Pero él no fue el único que vivió ahí.

Muchos creen que la casa fue encantada por un espíritu conocido como la Dama de Blanco. Se cree que el fantasma es el de una niña a quien Einar vio morir luego de ser envenenada.

UN DATO ATERRADOR

La Dama de Blanco dejó de molestar a los vivos cuando un miembro del personal les pidió a los fantasmas que se comportaran bien. En un sueño, el fantasma prometió que se comportaría, después de eso dejó de molestar.

LA CASA BLANCA

Una de las casas más conocidas en el mundo podría ser una de las más encantadas. La Casa Blanca en Washington D.C. es donde vive el presidente de Estados Unidos.

Algunos creen que el presidente de la nación no es el único en recorrer los pasillos. Los espíritus de presidentes anteriores y de sus familias visitan a veces su antiguo hogar. El fantasma de la primera dama Dolley Madison ha sido vista cuidando el jardín.

Dolley Madison

En 1940, el primer ministro Winston Churchill se alojó en la Casa Blanca. Después de bañarse, vio el fantasma de Abraham Lincoln rondar por la chimenea del cuarto de Lincoln.

UN DATO ATERRADOR

David Burnes vendió la tierra donde se construyó la Casa Blanca. Su voz fantasmal se escuchaba con frecuencia en la Oficina Oval donde trabaja el presidente.

La fantasmal primera dama Abigaíl Adams podía ser vista con los brazos estirados en el cuarto oriental.

LA MANSIÓN BILTMORE

En Asheville, Carolina del Norte, está situada la hermosa mansión Biltmore. Pertenecía a George Vanderbilt, quien venía de una familia muy rica.

George murió en 1914, pero nunca se molestó en dejar su mansión. Su fantasma se ve con frecuencia leyendo en su **descomunal** biblioteca. Algunos visitantes han oído risas y sonidos de una fiesta fantasma.

George
Vanderbilt

Esta mansión es la casa más grande de Estados Unidos, tiene 175 000 pies cuadrados (16 258 metros cuadrados) y cuenta con 250 habitaciones.

LA CASA MORGAN, INDIA

La casa Morgan era una mansión en Kalimpong, India, con vista a la cordillera Kachenjunga. Parece un lugar pacífico donde los Morgan, recién casados, vivieron el resto de sus vidas.

El lugar es cualquier cosa menos tranquilo. La señora Morgan murió allí en circunstancias misteriosas. Los visitantes que han ido recientemente han escuchado el sonido de tacones altos en los pasillos.

UN DATO ATERRADOR

Después de que la casa Morgan fuera abandonada, fue convertida en un hotel. Muchos actores famosos de Bollywood se han alojado allí.

RAYNHAM HALL

En Norfolk, Inglaterra, el residente más famoso y terrorífico de Raynham Hall es un fantasma conocido como la Dama Café. Recibió su apodo por los **brocados** cafés de su vestido.

Una foto tomada en 1936 muestra al fantasma bajando las escaleras. ¡Las personas que han visto a este fantasma afirman que tiene agujeros negros en lugar de ojos!

Según la leyenda, la Dama Café de Raynham Hall es el fantasma de Lady Dorothy Walpole.

La Casa Del Misterio De Winchester

Sarah Winchester era la **heredera** de la fortuna de las armas Winchester. Se trasladó a San José, California, después de que su hija pequeña y su esposo murieran. Allí compró una casa de campo con ocho habitaciones.

Sarah Winchester

En 1886, contrató trabajadores para ampliar su nueva casa. Fue una renovación muy larga, que terminó en 1922, cuando ella murió.

UN DATO ATERRADOR

Una médium le dijo a Sarah que necesitaba mudarse de casa y seguir trabajando en ella, pues de lo contrario moriría. La construcción duró 38 años.

La casa se convirtió en una de las mansiones más extrañas de toda la historia. Tiene escaleras y puertas que no conducen a ninguna parte. Hay muchos pasillos ocultos y cuartos secretos. Incluso, Sarah mandó construir un salón de sesiones de espiritismo para comunicarse con los muertos.

Los visitantes de la misteriosa casa Winchester afirman haber visto a un trabajador fantasmal. Otros dicen que manos invisibles les han jalado la ropa.

El extraño diseño de la casa tenía por objeto aplacar a los espíritus que vivían allá. Sarah creía que la casa estaba siendo acechada por fantasmas de personas que habían muerto a causa de las armas Winchester.

CONCLUSIÓN

Nadie sabe con seguridad si los fantasmas realmente rondan en casas y mansiones. Lo que una persona ve, otra lo podría negar.

Está en tus manos decidir qué creer.
Si oyes o ves algo macabro, escríbelo
o captúralo con una cámara. La evidencia
que descubras podría ayudarnos a
entender... ¡LO ENCANTADO!

GLOSARIO

aplacar: Ayudar a calmar.

brocados: Telas con hilos que forman dibujos de flores, animales o figuras geométricas.

descomunal: Que se sale de lo común por su gran tamaño o por otra cosa.

heredera: Mujer que recibe dinero o propiedades después de la muerte de otra persona.

médium: Persona que transmite mensajes de los muertos a los vivos.

monasterio: Lugar donde la gente vive y ora.

quiosco: Pequeña construcción abierta en parques, jardines y azoteas.

rectoría: La casa donde vive el pastor de una Iglesia.

sesión de espiritismo: Reunión donde la gente trata de comunicarse con los espíritus.

ÍNDICE ANALÍTICO

SITIOS WEB (PÁGINAS EN INGLÉS):

https://kids.kiddle.co/Ghost

www.hauntedrooms.co.uk/
ghost-stories-kids-scary-childrens

www.ghostsandgravestones.com/
how-to-ghost-hunt

ACERCA DEL AUTOR

Thomas Kingsley Troupe

Thomas Kingsley Troupe ha escrito muchísimos libros para niños. Sus temas incluyen fantasmas, Pie Grande, hombres lobo e incluso un libro sobre la suciedad. Cuando no escribe o lee, investiga lo paranormal como parte de la Sociedad Paranormal de las Ciudades Gemelas. Vive en Woodbury, Minnesota con sus dos hijos.

CRABTREE Publishing Company

Produced by: Blue Door Education for Crabtree Publishing

Written by: Thomas Kingsley Troupe

Designed by: Jennifer Dydyk

Edited by: Kelli Hicks

Proofreader: Crystal Sikkens

Translation to Spanish: Santiago Ochoa

Spanish-language layout and proofread: Base Tres

Print and production coordinator: Katherine Berti

Las imágenes y fotografías de «fantasmas» contenidas en este libro son interpretaciones de los artistas. La editorial no asegura que sean imágenes reales o fotografías de los fantasmas mencionados en este libro.

Photographs: Cover: © Netfalls Remy Musser, skull on cover and throughout book ©Fer Gregory, pages 4-5 creepy picture borders here and throughout book © Dmitry Natashin, page 4 © Victoria Denisova, page 5 house © jordanlieberman, messy floor © phoelixDE, page 6 © zef art, page 9 © Sergey Novikov, page 10 © LightField Studios, page 12 © danneuf, page 13 © Lario Tus, page 14 © BrianPIrwin, page 15 Dolley Madison, page 16 Abraham Lincoln, page 17 Abigail Adams © Everett Collection, page 18 © Konstantin L, page 21 © zefart, page 23 stairs © f11photo, "ghost" © Slava Gerj, pages 24-25 and page 26 (top) Winchester Mystery House © Dragan Jovanovic, page 26 (bottom) © CREATISTA, page 27 bedroom © Iv-olga , hand © IDmutroll, page 28 © Lukiyanova Natalia frenta, page 29 © Michael D Edwards. All images from Shutterstock.com except page 7 courtesy of the Library of Congress, page 15 garden © courtesy of the Library of Congress, pages 16 and 17 Whitehouse rooms courtesy of the Library of Congress, page 20 image released into public domain by Subhrajyoti07, Page 22 Raynham Hall © Nigel Jones https://creativecommons.org/licenses/by-sa/2.0/ background Sketch by John Sell Cotman public domain image, page 24 Sarah Wincester public domain photograph taken in 1865 by the Taber Photographic Company of San Francisco

Library and Archives Canada Cataloguing in Publication

Available at the Library and Archives Canada

Library of Congress Cataloging-in-Publication Data

Available at the Library of Congress

Crabtree Publishing Company

www.crabtreebooks.com   1-800-387-7650

Published in the United States
Crabtree Publishing
347 Fifth Avenue
Suite 1402-145
New York, NY, 10016

Published in Canada
Crabtree Publishing
616 Welland Ave.
St. Catharines, Ontario
L2M 5V6

Printed in the U.S.A./092021/CG20210616